RAQUEL SIMPLÍCIO NETTO BITTENCOURT
Ilustrações: Rômulo Garcias

Mochila de perguntas

INFORMAÇÕES SOBRE O CÂNCER AO ALCANCE DOS PEQUENOS E DOS GRANDES

Primeira edição

aamaLthete

Belo Horizonte
2018

Editor ÁLVARO GENTIL
Produção executiva PAULA PESSOA
Ilustrações RÔMULO GARCIAS
Revisão NEY MOURÃO
Produção editorial DÉLIO CAMPOS

Catalogação na Publicação (CIP)

Bittencourt, Raquel Simplício Netto
B624 Mochila de perguntas: informações sobre o câncer ao alcance dos pequenos e dos grandes / Raquel Simplício Netto Bittencourt ; [ilustrado por] Rômulo Garcias. – 1. ed. – Belo Horizonte : Ramalhete, 2018.
46 p. il. color.

ISBN: 978-85-69062-63-9

1. Literatura infantojuvenil I. Garcias, Rômulo II.Título

CDD: 808.899282

Bibliotecária responsável: Cleide A. Fernandes CRB6/2334

Dedico este livro
aos meus pais Edisson e Maria;
aos meus sobrinhos:
Caio, Antônio,
Marina, Lucas Henrique,
Maria Clara, Miguel,
Tomás, Elisa,
Fábio, Natália
e meu amado, companheiro
Agnus.

Que a vida seja leve
e encantada,
sempre!

Introdução

Toda criança é muito curiosa e muitas delas querem saber sobre o câncer. Porém, nem sempre é dada a ela a chance de falar sobre o assunto, seus medos, preocupações e de fazer perguntas sobre a doença que acomete um membro da sua família ou um amigo.

A ideia de escrever este livro surgiu a partir de um convite para proferir uma palestra sobre minha experiência diante do diagnóstico e tratamento do câncer de mama. O público-alvo: mais ou menos 120 crianças de uma escola pública municipal de Belo Horizonte, idade entre 9 a 12 anos.

No primeiro momento, tive uma surpresa e certo receio diante do desafio. Falar o quê? Como abordar o tema? Eles se interessariam por esse assunto?

Sem nenhuma certeza, resolvi falar sobre a doença e a minha jornada. Por meio de fotografias, contei a minha história. Após o relato, abri para as perguntas. O bate papo fluiu. As perguntas foram feitas e respondidas, de forma natural.

Saí da escola com a intenção de escrever o livro. Responder, de forma clara e sincera, às perguntas sobre a doença. Com uma linguagem simples e compreensiva, traduzir informações técnicas e complexas, o que aflige os corações dos pequenos, quiçá dos adultos, que convivem com familiares e amigos que estão trilhando o caminho. Estimular a reflexão sobre a saúde, hábitos saudáveis, fatores de risco, doença, prevenção, autocuidados e emoções numa linguagem fácil e sincera.

Entendo que responder às indagações das crianças sobre o câncer é uma forma de desmistificar os medos e receios que envolvem o diagnóstico e o tratamento da doença. Se a prevenção é tão importante para evitar qualquer tipo de doença, nada melhor que iniciar o desvelamento do câncer a partir do interesse dos pequenos.

A história

Maria Clara, tem dez anos e está decidida a sair em busca de respostas para algumas perguntas.

Como toda menina da sua idade, ela estuda, tem muitos amigos e gosta muito da sua professora. Mas ela está um pouco inquieta e triste. Sua professora Luciana está doente e não está indo à escola. Maria Clara sabe que a doença da professora é muito grave e tem muitas perguntas sobre a doença.

Por causa dessa inquietude e dúvidas, certa noite ela preparou sua mochila, colocou suas perguntas dentro e foi dormir.

Mas que estranho! Como ela iria conseguir as respostas, dormindo?

Bom... Não sei se essa era sua intenção, mas foi exatamente o que aconteceu naquela noite.

Maria Clara adormeceu e sonhou.

No sonho, Maria Clara caminhava por um bosque, levando em sua mochila as perguntas.

No meio do caminho, encontrou um sábio, daqueles iluminados e simpáticos, e logo começaram a conversar.

Maria Clara, sempre muito curiosa e atenta, perguntou:

– Qual é o seu nome e o que faz neste bosque?

O sábio respondeu e emendou com outra pergunta:

– Meu nome é Tempo e vivo neste bosque. E você, como se chama e o que faz por aqui?

– Meu nome é Maria Clara e estou em busca das minhas respostas.

O sábio ouviu a resposta da menina, com um ar embaraçado.

Além de curiosa, Maria Clara era observadora e fez um comentário:

– Senhor Tempo, seu nome é muito engraçado, ou melhor, diferente.

E o sábio Senhor Tempo, sem se intimidar, explicou o significado do seu nome.

– Meu nome é diferente, marca momentos, fases, horas, encontros... a vida.

– Nossa! – Exclamou Maria Clara.

Diante da reação da menina, o sábio comentou:

– Sim. E o nosso encontro pode estar acontecendo no momento certo, "a tempo".

– Pode ser. Respondeu a menina que, diante das suas intenções, continuou a caminhada ao lado do sábio.

Maria Clara e o sábio Senhor Tempo caminharam por um bom tempo, sem trocar nenhuma palavra.

Percebendo que Maria Clara estava muito pensativa, o sábio Senhor Tempo resolveu continuar a conversa.

– Maria Clara, o que você leva nesta mochila? Parece que ela está leve. Ou será que ela está vazia?

– Levo as minhas perguntas. Elas são leves, mas ao mesmo tempo as respostas parecem difíceis, pois nem sempre encontro as respostas. Por isso, resolvi partir em busca delas.

– Ahhhhhhh ! – Dessa vez, quem exclamou foi o sábio, que logo perguntou: – Mas o que preocupa tanto você?

– Senhor Tempo, eu gosto de saber das coisas.

– Normal! Geralmente, crianças gostam de saber das coisas.

– Sim, mas tem coisas que as pessoas acham que crianças não precisam saber ou não devem saber. E isso me fez partir.

– Entendi. Você quer respostas e como não as consegue, está aqui. Será que eu posso lhe ajudar a conseguir algumas respostas?

– Puxa! Como não pensei nisso! Claro, nada melhor do que conversar com o Senhor. Afinal, ouço muita gente falando: só o Tempo dirá!

O sábio, impressionado com o rumo da conversa, sugeriu:

– Então, que tal nos sentarmos um pouco? – disse o sábio, apontando para um tronco de uma árvore. Você me apresenta suas perguntas e eu apresento as respostas. Se é que tem resposta! Diga, primeiro, qual é o assunto e por que tem interesse nele.

– Ótimo, não vamos perder tempo.

Assim, os dois se sentaram e iniciaram a conversa, que foi um pouco longa.

– Senhor Tempo, o assunto é sobre o câncer, a doença que minha professora Luciana tem. Eu gosto tanto dela e não sei como ajudá-la. Pergunto para as pessoas sobre a doença e não consigo todas as respostas. Tem gente que nem me dá atenção! A diretora falou que minha professora ficará um tempo sem ir à escola.

– Nossa... Esse assunto é sério! Bom, para algumas pessoas pode parecer estranho mesmo falar do câncer para crianças, e até inadequado. Mas se você está perguntando é porque é importante para você e deve ser importante para outras crianças. Principalmente, quando a doença afeta pessoas tão próximas e queridas, parentes, professores e amigos. Mas, antes de começar a nossa conversa, vou lhe dar um alerta, certo?

– Certo! Qual?

– Lembre-se sempre de que, com o passar do tempo, as respostas podem mudar. Nada é para sempre! Hoje, o Tempo responde de um jeito. Futuramente, para as mesmas perguntas, o Tempo dirá de outra forma. O assunto é instigante! Existem muitos cientistas interessados nele, assim o Tempo pode mudar de opinião, descobrir novas informações e, dependendo da pergunta, a resposta pode ser melhor.

Maria Clara, ansiosa para conseguir algumas respostas, memorizou o alerta e abriu a mochila. Tcham... dela saíram várias perguntas...

– Vamos começar. Senhor Tempo, o câncer é uma doença. Onde começa a doença?

– Maria Clara, para entender a doença do câncer, é importante lembrar que o nosso corpo é formado por trilhões de células. Elas são poderosas e organizadas. Têm o poder de multiplicar-se e formar os órgãos que compõem o nosso corpo. A doença inicia na reprodução acelerada das células.

Quando as células começam a multiplicar-se, de forma descontrolada e acelerada, formam uma massa, que é chamada de tumor. Se o tumor, após analisado por um médico, apresentar células malignas, ele recebe o nome de câncer.

– Células Malignas?!

– São chamadas também de células cancerígenas. São as células não saudáveis, que possuem defeitos e não deixam os órgãos funcionarem de forma esperada. São tão poderosas que, quando não são descobertas bem no início e contidas podem invadir outros órgãos do corpo formando as metástases, ou seja, formam mais tumores.

– Por que essas células cancerígenas aparecem no corpo das pessoas?

O que posso lhe dizer é que não existe uma causa, são muitas e algumas, desconhecidas. Os cientistas ainda não conseguiram achar a causa, ou melhor, todas as causas. O que já descobriram é que existem condições que aumentam a chance de uma pessoa desenvolver a doença do câncer, podendo ser internas ou externas ao corpo humano e elas se relacionam. São conhecidas como fatores de risco e existem:

• Fatores de risco internos como: idade, predisposições genéticas e hereditárias, sistema imunológico enfraquecido por outras doenças.

• Fatores de risco externos como: consumo de cigarro, consumo excessivo de bebidas alcoólicas, alimentação inadequada, não fazer atividades físicas, exposição excessiva ao sol e não ir ao médico. Estes fatores podem ser evitados.

– Evitados! Como assim?

– Sim, os fatores de risco externos podem ser evitados. Qualquer pessoa tem condições de adotar hábitos que podem diminuir o risco de ter câncer ou qualquer outra doença. Fazer coisas simples, cuidar de si mesmo, buscando melhorar a qualidade de vida. São medidas de proteção, ou melhor, de prevenção. Os principais hábitos que podem mudar para melhor o estilo de vida de uma pessoa são:

• Praticar atividades físicas: pode ser uma atividade simples como: fazer uma caminhada, subir escadas, dançar e fazer outras atividades que lhe dá prazer. Melhor ainda quando a pessoa pratica um esporte regularmente, como: natação, futebol, judô, vôlei, basquete, corrida, jogar capoeira, andar de bicicleta e outros.

• Ir ao médico, fazer exames que ele pedir e voltar quando o médico aconselhar

• Ter uma alimentação saudável e controlar o peso: comer mais frutas, verduras, legumes, tomar sucos naturais, escolher alimentos cozidos ou assados e beber mais água.

• Evitar exposição excessiva ao sol: não ficar na piscina ou praia no horário das 10h às 15h, usar boné ou chapéu, protetor solar, óculos de sol e roupas adequadas com a temperatura.

• Se for um adulto fumante, deve parar de fumar. Se beber bebida alcoólica, deve parar de beber ou diminuir o consumo.

– Sábio Senhor Tempo, o câncer dá em criança, adulto, gente rica, gente pobre, branca, negra, em qualquer pessoa?

– Maria Clara, qualquer pessoa pode desenvolver o câncer. Afinal, todo ser humano tem células que se multiplicam e este processo pode sofrer alterações, gerando um tumor com células cancerígenas. O bacana é saber que qualquer pessoa é capaz de adotar hábitos que podem diminuir o risco de desenvolver a doença. Como lhe falei, adotar medidas de prevenção.

Neste momento, Maria Clara fez uma observação interessante:

– Eu já vi várias campanhas na televisão, revista, celular e nas ruas, sobre a importância de cuidar da saúde para evitar doenças como o câncer. Tem campanhas até para câncer que dá em crianças.

E o sábio Senhor Tempo completou:

– São campanhas para chamar atenção para a prevenção e o diagnóstico precoce. Sabe, muita gente confunde, ou melhor, acha que é a mesma coisa, mas são situações diferentes. A prevenção é o que já falamos, ou seja, pessoas saudáveis que adotam medidas para diminuir o risco de desenvolver a doença. Se a pessoa mantém uma alimentação saudável, pratica atividades físicas e vai ao médico, ela está prevenindo. O diagnóstico precoce é quando a pessoa foi ao médico e ele conseguiu perceber os sinais da doença na fase inicial.

– Senhor Tempo, existem vacinas para evitar o câncer? Lá, no Centro de Saúde, perto da minha casa, teve uma campanha. Eu, meu irmão Miguel e meus colegas recebemos um bilhete e nossas mães nos levaram para tomar a vacina. Eu esqueci foi o nome!

– Boa pergunta. Há duas vacinas que são capazes de evitar infecções por vírus e que os cientistas já descobriram que estão relacionadas com o aparecimento de algumas doenças. Uma é contra a hepatite B e a outra é a que combate o Vírus Papiloma Humano, HPV. São formas de prevenção especiais para crianças e adolescentes.

Meninos e meninas devem ser vacinados e os pais precisam ficar atentos aos calendários de vacinação. Não pode deixar de tomar nenhuma dose. A prevenção começa desde a infância.

Agora, é importante lembrar que estas vacinas são para combater doenças que, se não forem tratadas, podem facilitar o desenvolvimento de câncer, na vida adulta. Não são vacinas contra a doença do câncer. Para evitar o câncer, ainda não foi descoberta nenhuma vacina.

Campanha de
Vacinação
Hepatite B
e HPV

– Senhor Tempo, a diretora falou que a doença da professora começou com o aparecimento de um caroço no seio. Todo caroço que aparece no corpo é câncer?

– Não, fique tranquila. A maioria dos caroços, também chamados de nódulos ou tumores não tem características cancerígenas, não é câncer.

Para saber certo, a pessoa tem que ir ao médico, quando percebe que tem algo diferente no seu corpo. Se, no exame clinico feito pelo médico, ele achar que precisa fazer um estudo da amostra do carocinho, ele vai pedir auxílio para um especialista, que se chama patologista e este vai estudar a amostra no microscópio, fazer a biópsia.

O resultado da biópsia pode ser um tumor formado por células benignas – este será acompanhado pelo médico, não é câncer. Mas, se o tumor tem células cancerígenas, aí sim é um câncer e precisa de tratamento imediato. O médico encaminhará o paciente para outro especialista, o médico oncologista.

O oncologista é o médico que cuida do paciente com câncer, receita a medicação adequada para o tipo de câncer e orienta a família.

Atenta à reposta do sábio, Maria Clara fez um comentário:

– Então, se a professora Luciana está com câncer de mama, o carocinho que apareceu no seio dela era formado por células cancerígenas.

– Isso mesmo. No caso dela apareceu um carocinho. Também, é importante saber que tem vários tipos de câncer que não se manifestam com um caroço. Podem apresentar outros sinais como manchas na pele, feridas que não cicatrizam, tosse que não passa, rouquidão e outros incômodos. Por isso, é importante prestar atenção nas pistas que o organismo apresenta e procurar o médico o mais rápido.

– Outra pergunta. O câncer dói?

– O câncer é uma doença cheia de mistérios. A dor não é comum na fase de formação do tumor. É uma fase mais silenciosa.

Quando a doença está na fase mais avançada, a pessoa pode sentir dor nos ossos, dor na cabeça, dores abdominais e em várias partes do corpo.

A dor pode ser até um aliado para uma pessoa. Geralmente, quando a pessoa sente dor ela vai ao médico. Por isso, é importante procurar o médico rápido, quando notar algo diferente no corpo ou sentir uma dor.

Durante o tratamento há muitos desafios e incômodos. Mas uma coisa é fato, nenhuma dor é maior que o encanto e a alegria de viver.

– Vamos continuar. Senhor Tempo, o câncer pega?

– Maria Clara, o câncer não é uma doença contagiosa, como a gripe, por exemplo.

Não há estudos que mostram que o contato próximo, como abraçar, tocar, beijar, brincar ou ficar perto de alguém com câncer possa transmitir câncer de uma pessoa doente para outra pessoa saudável.

Quando a pessoa está em tratamento, ela passa por uma série de exames. Além disso, suas emoções mudam muito rápido. O tratamento pode deixar a pessoa doente desanimada, diferente fisicamente, cansada e fragilizada. Isto tudo faz parte dos efeitos do tratamento. Ela precisa de muitos cuidados e carinho. Conversar, brincar, passear, estudar e sair para se divertir faz muito bem para a pessoa com câncer.

– Tem gente que fala que eu não posso visitar minha professora. Se o câncer não pega eu posso ir lá quando eu quiser, certo?

– A pessoa com câncer tem que fazer um tratamento longo. Como lhe falei, a vida dela muda um pouco, por um tempo. E é importante que os amigos entendam a situação e os momentos do tratamento.

É natural que a pessoa doente e a sua família fiquem tristes, chorem, fiquem com medo e até fiquem com raiva do mundo. Tem muitas coisas que a gente não compreende; outras nem temos necessidade de entender.

Algumas pessoas acham que não podem receber visitas. Outras não querem receber ninguém.

Geralmente, as pessoas que estão em tratamento e estão em casa não apresentam restrições para receber visitas. Se você quer visitar sua professora, vou te dar umas dicas:

• Telefone para ela ou para alguém da família e mostre seu interesse em visitá-la.

• Você pode levar alguma coisa que possa deixá-la feliz. Um livro de estórias ou uma revista, um CD com músicas de que ela goste, coisas que possam ajudá-la a se distrair.

• Não faça a visita se você estiver gripada ou com outra doença. Você pode transmitir um vírus ou bactéria para ela, e isso não é bom para a pessoa com câncer.

Ao ouvir a sábio falando, Maria Clara comentou:

– Às vezes fico doente e não quero conversar ou ver ninguém. Quando ela não está passando bem, deve sentir a mesma coisa. Vou lembrar sempre dessas dicas. Vou fazer um desenho e escrever uma mensagem para a professora Luciana. Ela vai gostar quando receber.

– Com certeza a professora Luciana ficará feliz com a sua atenção e carinho

– Minha mãe falou também que a família fica triste. Como a família pode ajudar a professora Luciana?

– Sabe Maria Clara, que mesmo triste, a família é o ponto de apoio e de esperança para a professora Luciana. Quando a família recebe a notícia de que uma pessoa está com câncer, é como levar um choque. No primeiro momento, todos ficam assustados, sem saber o que fazer e falar. Tem família que não quer falar no assunto, precisa de mais tempo para aceitar a notícia e entender o tratamento.

Mas tem família que o susto passa logo, ela se organiza para dar apoio à pessoa doente, participa das consultas, conversa e pede orientações à equipe que está à frente do tratamento, ajuda nos cuidados básicos e necessários para fazer os exames, cuida da alimentação e busca alternativas para vencer o medo, a insegurança e superar os desafios.

Enfim, junto com a professora Luciana e a equipe médica, a família irá descobrir como lidar com os sentimentos, os desconfortos e desafios causados pelo tratamento, bem como as melhores formas de auxiliar, sempre pensando no bem-estar de todos.

– Senhor Tempo, meu irmão Miguel falou que o cabelo da professora vai cair. Por que o cabelo cai? Ele vai nascer de novo?

A medicação que a professora está recebendo atinge muito o seu organismo. Ela é indicada para combater as células cancerígenas, mas afetam também as células saudáveis.

Seu irmão Miguel já deve ter ouvido falar dos efeitos colaterais, indesejáveis que podem aparecer de acordo com a fase do tratamento. Por isso, as pessoas passam mal, têm enjoos, não querem comer, ficam cansadas, nervosas e algumas sofrem com a queda de cabelo. Quando o tratamento terminar, principalmente, a fase da quimioterapia, o cabelo logo voltará a nascer, pois alguns efeitos colaterais já não existirão.

– Outro dia minha mãe estava tentando me explicar como são os tratamentos. Não entendi direito. O senhor pode me explicar?

– Claro! Os principais e mais conhecidos tratamentos da doença são importantes para evitar que as células não saudáveis espalhem-se pelo corpo da pessoa. Cada etapa do tratamento tem sua função, veja bem:

• Cirurgia -retirada do tumor que está atingindo o órgão do corpo.

• Quimioterapia – O paciente recebe medicação para combater as células cancerígenas que causam a doença e tentar impedir que o tumor espalhe para outras partes do corpo.

• Radioterapia – o paciente recebe radiação no lugar onde está o tumor, tem o objetivo de reduzi-lo e matar as células cancerígenas, atinge muito pouco as células saudáveis.

• Em alguns casos, o paciente precisa tomar remédios por um tempo ou passar por outros procedimentos clínicos.

– Agora, a última pergunta. Sábio Senhor Tempo, o câncer tem cura?

– Minha pequena Maria Clara, essa é a pergunta que depende muito da fase em que a doença foi descoberta e do tipo de tumor que a pessoa tem. Se descobrir a doença na fase inicial, a pessoa tem muitas chances de ser curada, após fazer todo o tratamento indicado pelo médico oncologista.

Às vezes, algumas pessoas não conseguem melhorar. Os remédios e os procedimentos clínicos são fracos, diante da força das células cancerígenas. Isso não significa que os tratamentos deram errados, que não valeu a pena tentar. Mas apenas que o ciclo de vida da pessoa que amamos tanto chegou ao fim. Ela não estará mais entre nós, mas os seus ensinamentos e amizade serão eternos, para sempre.

Hoje sabemos que cada dia que passa os cientistas esforçam-se e dedicam muito tempo de trabalho para descobrir avanços nos tratamentos para a doença, independente da fase do seu desenvolvimento. Ainda assim, para que a doença do câncer torne-se efetivamente curável, é preciso que governantes e instituições aumentem os investimentos em políticas de prevenção, informação, pesquisas cientificas, tratamentos e de acesso à saúde.

Procurar respostas para suas dúvidas e informações sobre a doença é muito importante para ajudar sua professora e outras pessoas, bem como para você ter uma vida mais saudável e feliz.

A cura existe a partir do momento em que cada pessoa com câncer supere os desafios dos tratamentos, reconquiste o equilíbrio físico e mental e continue a viver encantando-se com as possibilidades de vida. E, sempre com a esperança de que, com o passar do tempo, a cura para todos os tipos de cânceres será um presente para todos.

Após ouvir atentamente todas as respostas, Maria Clara olhou para o sábio Senhor Tempo e, cheia de emoção, disse:

– Como foi bom conhecê-lo e conversar com o Senhor. Agora, vou colocar na minha mochila as respostas que encontrei. E, claro, falar com as pessoas que conheço e, principalmente, com a minha família e meus colegas de escola.

O sábio Senhor Tempo, também emocionado e admirado com a curiosidade e intenção da pequena Maria Clara, disse-lhe:

– Eu também fico feliz em responder suas perguntas. Há perguntas que são difíceis, mas não podem ficar sem respostas. A vida é muito boa e fica melhor, quando encontramos respostas a tempo de evitar mais sofrimento. Você, hoje, é uma criança curiosa e saudável. Com essas respostas, poderá ser uma pessoa adulta, atenta às medidas que podem lhe proteger e lhe fazer mais feliz. Sempre com mais tempo para sonhar e viver.

Antes de Maria Clara dar um abraço de gratidão no sábio Senhor Tempo, ela acordou, ao som do despertador. Estava na hora de levantar e ir para a escola. Sua mãe nem precisou ir ao quarto e chamá-la. Ela não fez hora. Não podia perder tempo.

Foi para a mesa de café e contou para os pais e o seu irmão Miguel o sonho que teve. Juntos, eles chegaram à conclusão de que a informação, a prevenção e o diagnóstico precoce são importantes para uma vida saudável e feliz.

A partir daí, Maria Clara e seus colegas começaram a falar com mais leveza sobre os desafios que o câncer impõe à professora Luciana, sobre as medidas de prevenção e cuidados com a saúde. E os adultos, também, começaram a prestar atenção nas perguntas e situações que afligem os corações das crianças.

Hoje, Maria Clara deve estar preparando a sua mochila e vai dormir com a alegria e esperança de reencontrar e abraçar o sábio e amigo, Senhor Tempo.

Mensagem de Gratidão

É gratificante e emocionante pensar no caminho trilhado para escrever este livro. A palavra do momento é gratidão. Gratidão pela vida reinventada, nas incertezas da convivência com os desafios impostos pelo desconhecido câncer de mama.

Nessa jornada, tive apoio convicto da minha família: Simplício Netto, Nascimento Cruz, Rocha Bittencourt e de amigos, que, no encanto das risadas, lágrimas e acolhida no abraço, me fez acreditar que é possível resistir ao que não está prescrito.

Na inspiração e certeza para escrever o livro, os aplausos vão para meus pais Edisson e Maria, meu irmão Ricardo e minhas irmãs Naida, Sandra e Solange, cunhadas Vilma, Ana Maria e Vanessa e cunhados Irajá, Amarildo e André, minha sogra Letícia e meu amado marido Agnus, a quem agradeço pelo amor, compreensão e cumplicidade.

Aplausos também para pessoas caras na efetivação do projeto: Soraya Romina, educadores e alunos da Escola Municipal Honorina de Barros, Elga Goulart, Fernanda Cunha, Magda Lúcia de Assis Vieira de Souza, Magally Firmo Ferraz, Maria Isabel Alvim Ameno, Catarina de Sena Oliveira Mendes e João Luiz Simplício Porto.

Para equipe e parceiros de trabalho da Editora Ramalhete, aplausos pela acolhida, suporte técnico, ensinamentos e por vibrar comigo pela publicação do livro.

Muitos aplausos para meus médicos oncologistas e amigos, Drª. Leticia Carvalho Neuenschwander e Dr. Amândio Soares Fernandes Júnior, e toda a equipe da Oncomed BH. Pessoas felizes, dedicadas e competentes. Aprendi com eles a aceitar e a conviver com os desafios do tratamento contra o câncer, a ouvir e praticar os ensinamentos do sábio Senhor Tempo. Obrigada pelo apoio ao projeto, carinho e cuidados de sempre.

Por tudo isso e muito mais, sinto que continuo sendo abençoada por Deus. Gratidão sempre!

A autora

Raquel Simplício Netto Bittencourt nasceu em Belo Horizonte, em 1965. Formada em psicologia pela UFMG, especialista em Psicopedagogia, Saúde Mental – Família e Comunidade e em Psicologia Organizacional e do Trabalho.
Servidora pública há 32 anos, sendo 21 dedicados à área da educação e, atualmente, trabalha na área de Gestão de Pessoas, na administração da Prefeitura de Belo Horizonte.
Desde 2013 desenvolve e apoia ações vinculada à campanha de prevenção e conscientização sobre a importância do diagnóstico precoce do câncer de mama. Em 2016 foi homenageada pela Assembleia Legislativa de Minas Gerais, como uma das madrinhas do movimento Outubro Rosa. Acredita que ter acesso a informação é a melhor forma para prevenir doenças e salvar vidas.

O ilustrador

Rômulo Garcias é ilustrador e programador visual. Mineiro de João Monlevade, é peregrino das escolas de arte de Belo Horizonte, com passagens pela Escola de Belas Artes da UFMG e pela Fundação Mineira de Educação Artística. Começou a sua carreira ilustrando publicações de sindicatos e entidades populares. Garcias tem se especializado em trabalhos com temáticas populares e educacionais. Tem trabalhos publicados pela PUC Minas, Escola de Direito Dom Helder Câmara e pela Universidade Federal de Ouro Preto além de publicações institucionais.
De sua autoria é o livro Clandestino, editora Asa de Papel, e o livro Luz, editado e patrocinado pela Cemig, e dirigido às escolas públicas do estado!

Este livro foi impresso no formato 20x19 centímetros
em papel couchê, tipologia Aller, na Gráfica Paulinelli.
Belo Horizonte, setembro de 2018.
Impresso no Brasil.